GUIDE

DE LA

MÉTHODE UNIVERSELLE DE LECTURE

D'ORTHOGRAPHE

ET DE CALCUL

AU MOYEN DE CARACTÈRES MOBILES

PAR

THOLLOIS

Ancien instituteur.

Instruire en amusant.

PARIS

LIBRAIRIE CH. DELAGRAVE

15, RUE SOUFFLOT, 15

1889

CONSEILS SUR L'EMPLOI DES CASIERS

Pour que les exercices avec caractères mobiles soient faits avec fruit il faut :

1° Un casier-tableau pour le maître ou le moniteur.

2° Un casier ordinaire pour chaque élève de la division que l'on veut faire travailler.

La durée de chaque leçon ne dépassera pas 25 à 30 minutes.

On reviendra fréquemment sur les exercices déjà exécutés.

On aura soin de faire travailler rapidement afin que les enfants soient constamment occupés.

Pendant les premiers jours on veillera à ce que les lettres soient bien replacées dans leurs cases respectives.

La première lettre de chaque mot devra toujours être placée immédiatement à gauche du casier.

Pour construire un mot nouveau on se servira des lettres du mot précédent s'il y a lieu.

L'élève le plus intelligent, le plus habile dans le maniement des lettres fera le travail au casier-tableau; toutefois on pourra en envoyer d'autres à titre de récompense; travailler au casier-tableau sera un honneur réservé aux meilleurs élèves.

Les enfants à vue faible seront placés le plus près possible du casier-tableau.

LEÇONS DE LECTURE

AVEC L'AIDE DES CASIERS MOBILES

I

Exercices préliminaires. — Retirer les lettres des cases, les mêler et les replacer sans les nommer. Toutefois, on en laissera toujours une afin que les élèves retrouvent la place des lettres mêlées. Opérer ainsi pendant plusieurs jours.

II

Mes petits amis, je vais vous montrer comment on écrit le mot *papa*.

Prononçons tous ensemble ce mot.

Pour l'écrire il faut des lettres, il faut les lettres *p*, *a*, *p*, *a*, nommons les ensemble, encore.

Bien. Regardez, voici la lettre qui est le portrait de *p*. Qui aura le plus vite fait de la trouver (placer cette lettre au casier modèle)?

Voilà maintenant la lettre *a*. Regardez-la bien, cherchez-la dans les cases et placez-la à côté de la lettre *p*.

Disons ensemble *p a pa*.

Continuons ; cherchons encore un *p*. Bien, puis un *a*. Maintenant attention. Disons tous ensemble *p a pa p a pa papa*, encore, encore. Bien. Séparément maintenant, chacun son tour.

Il est facile de suivre la nouvelle épellation, nous laissons aux maîtres toute liberté.

Bien faire remarquer la forme des lettres.

e ressemble à un œuf cassé.

i petit bâton surmonté d'un point.

u deux i accrochés, c'est ce que l'on dit au cheval pour le faire marcher.

o c'est une boule, un œuf tout rond.

L'**y** ne vient qu'en dernier lieu.

b c'est le cri du bœuf.

l penser aux ailes d'oiseaux.

r le roulement d'une voiture.

p un o au bout d'un bâton.

m trois jambes.

v faire remarquer la forme, le vol des oiseaux.

j un i allongé.

c un éclat d'o.

f le chat qui griffe.

t le tic-tac d'une montre.

k le cri d'un petit coq.

s le sifflement du serpent.

g un o qui a d'énormes boucles d'oreilles.

Continuer les mêmes exercices sur les mots suivants :

a   e   i   o   u

d dada	r rire	f carafe	g gare
dodo	p papa	nt note	gale
b bobo	pipe	toto	rigole
bibi	poli	cane	légume
l lolo	v rave	cabane	figure
lune	vide	k kilo	z gaze
lime	j joli	képi	zéro
lame	jupe	moka	x boxe
m mimi	c coco	coke	y lyre
midi	v cave	s salade	h hola
ami	cuve	samedi	hase
mare	f fini	solide	hâle
r robe	café	sole	q coque
rame			

Veiller avec soin aux articulations.

III .

Continuer les exercices par des mots de plusieurs syllabes. Chaque syllabe n'aura que deux lettres. Veiller à l'assemblage des syllabes. Faire travailler vite.

cabane	papa fume sa pipe	domino
navire	le joli canapé	madame
malade	la cabine solide	numéro

farine	fidèle	parage
colère	domicile	pâturage
école	Caroline	carabine
élève	Adèle	camarade
asile	capote	bagage
cirage	le rôti fume	alène
ménage	ta mère a ri	cirage
minute	retire ta tête	image
pelote	papa ramène le dada	limonade
remède		pyramide
vérité	Emile a bu du lolo	racine
modèle	le dada a galopé	écume
vipère	maxime	tirage
orage	une taxe fixe	vérité
famine	le zèle de Lazare	tôle
bobine	petite mère a du bobo	écume
solide		piqûre
macaroni	le pilote du navire	

IV

ac	acte	al	bocal	at	
	sac	ap		ec	
af		ar	arme	ef	
al	canal	as		el	dégel

ep		is		ot	
er	ermitage	it		uc	suc
es	paresse	oc	roc	uf	
et	omelette	of		ul	calcul
ic		ol	bol	up	
if	suif	op		ur	mur
il	civil	or	Médor	us	majuscule
ip		os		ut	
ir	finir				

V

canif	justice	parasol	castor
caporal	fortune	berline	serpette
azur	ferme	asperge	verre
bazar	luzerne	animal	métal
borne	gorge	lunette	orme
colza	silex	malade	barbe
bordure	herse	semelle	tartine
caverne	partage	manufacture	messe
durcir	orge	manivelle	hôtel
cocarde	total	ouverture	Victor
lecture	verge	jardinage	Marcel
lucarne	urne	giberne	nacelle
récolte	porte	garniture	adèle

VI

Voyelles composées.

an	ruban	**eur**	ramoneur	**our**	gourdin
	maman		noceur		journal
	santé	**on**	bidon	**ou**	loulou
	ortolan		pompon		toutou
	fanfan		potiron		coucou
	tante		balcon		joujou
in	lapin		jupon		bijou
	jardin		bonbon		soucoupe
	moulin	**un**	lundi	**oi**	foire
	purin		aucun		poire
	malin		alun		ivoire
	pincette	**um**	parfum		écumoire
eu	jeudi	**au**	faute		mémoire
	neveu		haute		toile
	demeure		jaune	**ai**	laine
	jeu	**eau**	couteau		gaine
	feu		berceau	**ei**	peine
	jeune		poteau		veine
eur	sapeur	**our**	four		neige
	farceur		tour	**ain**	páin
	peur		bourdon		main

ein	peintre	ien	bien	io	violette
	ceinture	iè	salière		bariolage
oir	miroir		soupière	oin	soin
	dortoir		pépinière		moindre
ia	acacia		cimetière		pointe
	Maria	ion	espion		besoin
ien	vaurien		lion	ian	viande
	ancien		légion		
	lien		religion		

VII

Les mots qui suivent sont formés des syllabes précédentes. — Les enfants sont déjà quelque peu familiarisés avec les lettres et les mots, on les fera travailler vite, très vite.

demeure	laboureur	gazon	ramoneur
amitié	acajou	laine	hirondelle
couteau	percepteur	tabatière	parasol
nankin	fumeur	cultivateur	luzerne
berceau	maire	amande	céleri
cerceau	zouave	écumoire	sel
balance	tiroir	ivoire	canif
vacance	pierre	tourneur	actif
violette	sapeur	redingote	serin
marron	bâton	marmite	neveu

gamin	bonjour	avoine	pantalon
général	bourse	soupe	raton
lapin	dindon	fanfaron	bouton
boudin	canton	ruban	savon
potiron	poupon	toutou	bancal
bidon	coucou	gascon	journal
zouzou	balcon	caporal	tartine
salon	carnaval	baryton	sainfoin
bocal	piston	matin	éponge
violon	soir	fumier	amadou
dortoir	soulier	lanterne	médecin
lionceau	notaire	ouragan	tour Eiffel
salière	directeur	étage	poulain
auberge	mansarde	hôtel	écolier
amadou	bonsoir	devoir	

VIII

Étude des consonnes composées.

bl	blé	**br**	abreuvoir	**cl**	cloche
	bleu	**bl**	blanche		cloison
	blutoir		blonde	**fr**	fragile
	tableau	**cl**	clarté		friture
	sablon		clan		frisson
	bleuet		club		fronde

fr	fruit	gr	granivore	gn	ignorance
	fraise	ch	chapeau		vigneron
	froidure		châtaigne		borgne
	frileux	ch	chirurgien	st	stage
gr	grêle		cheveu		statue
	grive		cheval	qu	quatre
	grain	ph	phare	gu	guenon
	grès		philosophe		guêpe
	grève	gn	signal		guéridon

IX

Exercices sur les consonnes composées.

livre	flacon	brique	chanson
arbre	gredin	manchon	spectacle
Alfred	coquin	planche	baignoire
Berthe	criminel	chou	cuivre
Eugénie	hiver	cornichon	graine
Pauline	plante	poivre	peigne
crabe	fromage	chien	peau
cidre	cadran	droite	veau
pieu	chicorée	gauche	liqueur
oncle	chèvre	chemin	tribunal
frère	cheval	cruchon	bière
dragon	vache	oignon	fièvre

soupière	grammaire	maréchal	fiacre
peintre	histoire	alphabet	omnibus
boucher	instituteur	casque	sphère
vaurien	échelle	drapeau	estrade
étain	cartouche	cygne	requin
charbon	glouton	nègre	poisson
bouchon	autruche	calèche	

X

ail	camail	**euil**	orgueil
	portail		cerfeuil
	éventail		deuil
	travail		bataillon
ouil	fenouil		veille
	brouillon		conseil
	bouillon		soleil
eil	réveil		grenouille
	merveille		crémaillère
	pareil		aiguille
	vermeil		anguille
euil	écureuil		béquille

On glissera rapidement sur cet exercice ; la prononciation des consonnes composées s'apprendra insensiblement au fur et à mesure que les mots ci-dessus se présenteront.

XI

Étude sur les chiffres.

(On peut commencer cette étude dès la IVe leçon.)

Mes petits amis, nous allons apprendre à compter. Quand vous étiez tout petits, votre maman vous disait : « Tu grandiras, tu iras à l'école, tu apprendras à lire, à écrire, à compter. »

Vous savez déjà un peu lire, vous savez fort bien composer des petits mots ; vous essayez de faire quelques lettres sur l'ardoise. Apprenons maintenant à compter.

Georges, venez ici. Combien d'élèves en cet endroit ?   1 élève

    Paul, venez ici.   id.   2 élèves

    ....   id.   ,   id.   10 élèves

Retournez à vos places, Raymond, allez au tableau noir. Dites un et tracez une barre | . Le chiffre 1 se fait comme ceci :   1 barre

    Cherchez-le dans le casier.

    Continuons, deux. || 2 barres

    ||| 3 barres

    ||||||||| 9 barres

    Comment écrirons-nous dix.

Dix, c'est une dizaine. Posons. |||||||||| 10 barres

        **

Combien d'unités dans 10. Point. Quel est le chiffre qui veut dire point, rien; c'est le zéro qui ressemble à un O. Posons-le à côté de 1 et disons dix.

XII

Maintenant que nous connaissons les premiers chiffres, nous allons pouvoir écrire tous les nombres.

Nous savons écrire dix, quel est le nombre qui vient après? C'est onze; onze, c'est **une dizaine et une unité.**   Écrivons 11

Remarquez que maintenant il nous faut deux chiffres. Douze, c'est une dizaine et deux unités 12

Continuer ainsi en plusieurs leçons jusqu'à 100. Les élèves diront tous ensemble en posant les chiffres, treize, une dizaine et trois unités, quatorze, une dizaine et quatre unités, etc.

XIII

Écrivons maintenant le nombre cent.

Dans une dizaine, il n'y a ni dizaine ni unités, comme ces ordres sont absents, nous allons les remplacer par deux zéros et nous aurons   100

Cent un, c'est une centaine et une unité   101

. . . .

Cent dix, c'est une centaine et une dizaine. 110

Cent onze, c'est une centaine, une dizaine et une unité.   111

Continuer ainsi. Toutefois le maître pourra varier les exercices de la façon qu'il voudra ou changer quelque peu la manière dont nous procédons.

Soit, par exemple à écrire le nombre 46. Avec ces mêmes chiffres, on peut écrire 64. Ajouter 8, cela fera 648.

Déplacer les chiffres pour composer les nombres :
468 — 846 — 684, etc.

*
* *

L'enfant sait maintenant composer une foule de mots, mais les leçons qui précèdent sont quelque peu abstraites. Dès lors à l'activité physique l'auteur va joindre l'activité intellectuelle. L'élève sera un agent actif, aussi actif que le maître, un collaborateur intelligent dans les leçons qu'il en reçoit. Son besoin naturel de penser, de parler et de se mouvoir sera satisfait. En un mot, l'auteur va passer de l'abstrait au concret par l'emploi des leçons de choses, et même par l'emploi des leçons de grammaire, d'instruction morale et civique, de calcul.

Le but de la méthode est surtout d'apprendre l'orthographe, mais plus particulièrement l'orthographe usuelle. Or les enfants composent eux-mêmes les mots qu'ils ont trouvés ou qu'on leur a fait trouver; aussi l'orthographe de ces mots reste présente à leur mémoire beaucoup plus que ne le ferait la lecture la plupart du temps inintelligente d'un premier livre.

Nous donnons ici quelques leçons dans lesquelles nous nous sommes efforcé de rester le plus possible conforme à la nature de l'enfant et à l'esprit du programme. Du reste les instituteurs trouveront eux-mêmes mille moyens d'intéresser les enfants en variant à l'infini les exercices.

Les jours, les mois et les saisons.

Dites-moi, petit Paul, à quel jour de la semaine sommes-nous aujourd'hui? *Lundi*

Bien, écrivez ce mot, épelez, moniteur :

Lundi

Et demain, ce sera :   Mardi

Et après :   Mercredi

Jeudi

Vendredi

Samedi

Dimanche

Combien cela fait-il de jours? 7.

Écrivez : 7 jours

Qui peut dire comment on appelle un espace de 7 jours? *Une semaine.*   Écrivez : Une semaine

Et l'espace de 30 jours? *Un mois.*

Écrivez : Un mois

Et combien y a-t-il de mois? 12 mois

Dans quel mois sommes-nous? *Janvier.*   Écrivez : Janvier

Nommez les autres ?   Février
                                       Mars, etc.

L'espace de 12 mois fait *une
année*.   Écrivez : Une année

Dans une année il y a *365 jours*
                       Écrivez : 365 jours

Il y a encore quatre saisons, qui
se sent la force de les nommer ? Le printemps
                                 L'été, etc.

Bien, fermer les casiers. Paul épelez le mot *lundi*.
Ernest, *dimanche*. Louis, *automne*, etc.

La Ferme et la Basse-cour.

Quels animaux domestiques voit-on dans la ferme ?
Celui qu'on attelle à la charrue d'abord ?

le cheval | la jument | le bœuf

En connaissez-vous d'autres ?

la vache	le chien	l'âne	le mulet
le veau	le mouton	la génisse	la chèvre
le taureau	la brebis	le bélier	le porc
le chat	l'agneau		

Et ceux de la basse-cour ?

| le coq | le dindon | l'oie | le paon |
| la poule | le canard | la pintade | le pigeon |

Comment appelle-t-on la de-
meure du cheval ?   l'écurie

***

Celle de la vache?	l'étable
Celle du coq? de la poule?	le poulailler
Celle de la brebis?	la bergerie
Celle du pigeon?	le pigeonnier ou colombier
Celle du chien?	la niche ou chenil
Celle du porc?	la porcherie
Quel est l'ennemi du mouton?	le loup
Des poules?	le renard
Il y en a encore d'autres?	la belette
	la fouine
	le putois

Les élèves termineront cet exercice en signant leur nom et leurs prénoms.

La Montre.

Comment appelez-vous ceci?	une montre
A quoi sert-elle? à indiquer	l'heure
Quelle est sa forme?	ronde
On regarde l'heure à travers	le verre
Les petites pointes qui tournent sont	les aiguilles
La plaque blanche où sont in-crites les heures est	le cadran
Avec quoi remonte-t-on la mon-tre?	la clé

Où la met-on? poche-gilet

Ceux qui réparent les montres sont les horlogers

Avec quoi sont faites les montres? or ou argent

L'or est jaune

L'argent est blanc

La montre est attachée au gilet par une chaîne

N'y a-t-il que les montres qui indiquent l'heure? il y a encore les pendules
les horloges

La pendule se met sur la cheminée

Fermer les casiers et faire épeler.
Chaque élève composera son nom, celui de sa rue, *avec son numéro et celui de sa ville.*

Les Coiffures.

Ce qu'on met sur la tête s'appelle coiffure

Il y en a de plusieurs sortes. Le petit enfant a un bonnet

Plus tard pour garantir sa tête des petites chutes, on lui met un bourrelet

Le voilà grand. Il vient à l'école comme vous; il a une casquette un chapeau
un béret

Et quand il fait froid, que mettez-vous sur vos têtes? un capuchon

Et les petites filles ?   ,une capeline

Passons aux soldats :

Quelle est la coiffure des dragons? casque à cri-
Les cuirassiers ont la même coif-   nière
fure;

Et les fantassins ?   un shako

En petite tenue ils ont   un képi

Quelle est la coiffure des gen-
darmes?   un tricorne

Et les pompiers   un casque

Quand faut-il ôter son chapeau? à l'école
    chez quelqu'un
    pour saluer

La coiffure de nuit est   le bonnet de
    coton

Terminer comme précédemment.

Les professions.

Qui fait le pain ?   le boulanger

les chapeaux?   le chapelier

les gâteaux ?   le pâtissier

les souliers?   le cordonnier

les voitures ?   le charron
    le carrossier

les chaises ?   le tourneur

les habits?   le tailleur

Qui fait les meubles ? le menuisier

les serrures ? le serrurier

les harnais, colliers ? le bourrelier

les couteaux ? le coutelier

les sabots ? le sabotier

les clous ? le cloutier

les tonneaux ? le tonnelier

les cordes ? le cordier

les charrues, les fers ? le maréchal

les saucissons ? le charcutier

les maisons ? le maçon

les charpentes ? le charpentier

les livres ? l'imprimeur

les portraits ? le photographe

les vitres ? le vitrier

les bas ? le bonnetier

les hottes-paniers ? le vannier

le charbon ? le charbonnier

Qui laboure les champs ? le laboureur

conduit les voitures ? le cocher

conduit les bateaux ? le batelier

cultive la vigne ? le vigneron

coupe le bois ? le bûcheron

coupe le blé ? le moissonneur

coupe les raisins ? le vendangeur

Qui coupe les prairies?   le faucheur
    vend la chandelle, le sucre? l'épicier
    vend la viande?   le boucher
    vend les remèdes?   le pharmacien
    cultive les champs?   le cultivateur
    cultive les jardins?   le jardinier
    soigne les malades?   le médecin
    apprend à lire?   l'instituteur
    vend les livres?   le libraire
    coupe la barbe?   le barbier
    coupe les cheveux?   le perruquier
    garde les moutons?   le berger
    les vaches?   le vacher
    les voleurs dans la prison? le geolier
    conduit un navire?   le pilote

Ce qu'on voit dans la classe.

Que voit-on dans la classe?

des tables	une balance	des baguettes
un bureau	un litre	de la craie
des cartes	des plumes	des ardoises
un globe	des livres	un boulier
une armoire ou	des cahiers	un poêle
bibliothèque	des crayons	des casiers
des poids	des encriers	une chaise

des tableaux noirs des bancs	des tableaux de lecture	des tableaux d'histoire

Les Vêtements.

Quels sont les vêtements que vous connaissez?

le pantalon	la cravate	le béret
le paletot	le foulard	la casquette
la blouse	les gants	le tablier
le gilet	les mitaines	la jaquette
la chemise	le cache-nez	la redingote
le caleçon	la ceinture	le veston
les bas	les bretelles	le pardessus
les chaussettes	le chapeau	

Vêtements de petites filles :

la robe	le fichu	le manteau
le jupon	le corsage	le bonnet
les manches	le caraco	le manchon
la capeline	la camisole	

Chaussures :

les souliers	les bottines	les sabots
les chaussons	les pantoufles	les bottes

Les différentes parties du corps.

Qu'avons-nous sur la tête?   des cheveux.

Comment appelez-vous ceci ?
(Montrer le front.)　　　　　　le front
  Et plus bas?　　　　　　　les yeux
  Les petits poils qui le protègent? les cils
  Et la membrane qui s'abaisse
dessus?　　　　　　　　　　　les paupières
  Et les poils qui surmontent les
paupières?　　　　　　　　　les sourcils
  Comment nommez-vous ceci?　le nez
  Et les trous qui sont au bout?　les narines
  Plus bas nous trouvons?　　la bouche
  Dans laquelle nous voyons?　les dents, la
　　　　　　　　　　　　　　langue

  De chaque côté de la tête nous
avons?　　　　　　　　　　　des oreilles
  Au-dessous de la bouche il y a　le cou
　　　　　　　　　　　　　　le menton

Faire trouver le nom des

épaules	poing	genou
bras	cinq doigts	pied
poignet	hanche	cheville
main	cuisse	orteils

Pour pêcher il faut :

une ligne	du crin	des vers
un filet	un bouchon	du poisson
une baguette	un hameçon	une amorce

Pour chasser il faut :

| un fusil | des cartouches | des balles |
| de la poudre | | |

Les diverses parties du fusil sont :

| le canon | la culasse | la bretelle |
| la crosse | la baguette | |

Ce que le chasseur tue est   le gibier

Il y a du gibier à poil :

| le lièvre | le lapin de garenne | le chevreuil |

Il y a du gibier à plumes :

| perdrix | bécasse | pluvier |
| caille | râle | etc. |

Les Tonneaux.

Faire trouver les mots suivants :

On met le vin dans	des tonneaux
L'eau-de-vie dans	des barils
Les harengs dans	une caque
Le linge à lessiver dans	un cuvier
	ou un baquet
Le trou par lequel on emplit le tonneau est	la bonde
Les planches du tonneau sont	les douves
On perce le tonneau avec	une vrille
	ou foret

La petite broche est   le fausset
Le vin coule par   la cannelle
     ou le robinet

Les tonneaux sont   en bois
On les range dans   une cave
Mesurer les tonneaux c'est les   jauger
On les transporte sur   un haquet
Entamer une pièce c'est la mettre   en perce
     ou en vidange
Retirer le fond c'est   la défoncer
Celui qui fait les tonneaux est   le tonnelier
Son métier, son industrie est   la tonnellerie

A table, il faut :

une fourchette	un plat	un coquetier
une cuillère	une bouteille	un moutardier
un couteau	un verre	un saladier
une assiette	une salière	

Pour dormir, il faut :

un lit	un matelas	un édredon
une couchette	des draps	un oreiller
un sommier	une couverture	un traversin

Pour s'asseoir, il faut :

une chaise	un tabouret	un canapé
un banc	un pliant	une selle
un fauteuil	une banquette	le gazon

Les Outils.

Le menuisier se sert	du rabot, de la scie, etc.
Le maréchal,	de la tenaille, du marteau
Le maçon,	de la truelle, de l'auge
Le charron,	de la plane, de la tarière
Le charpentier,	de la hache, de la hachette
Le vigneron,	de la pioche, du sécateur
Le laboureur,	de la charrue, de la herse
La couturière,	du dé, de l'étui, des aiguilles
Le jardinier,	de la bêche, du rateau
Le cordonnier,	de l'alène, du tranchant
Le bûcheron,	de la cognée, de la serpe

Les objets de la chambre.

Les objets de la chambre sont :

le lit	la lampe	la glace
la commode	la pendule	l'armoire
la table	le fauteuil	la pelle
la chaise	le miroir	les pincettes
le chandelier	le buffet	etc.

Les objets de la cuisine sont :

la marmite	la terrine	le chaudron
le réchaud	la casserole	la chaudière
le fourneau	le seau	la bassine
la bouilloire	le gril	le poêle

Les Fleurs.

Les fleurs des champs sont :

le bleuet ou bluet	le liseron	le muguet
la marguerite	le mouron	le serpolet
le coquelicot	le bouton-d'or	la mauve
la violette		etc.

Les fleurs des jardins sont :

la rose	le lis	l'œillet
la pensée	le dahlia	le réséda
la tulipe	le géranium	la balsamine
l'iris	l'hortensia	le lilas

Les Arbres.

Arbres fruitiers :

pommier	prunier	châtaignier
poirier	pêcher	noyer
cerisier	abricotier	etc.

Arbres fruitiers étrangers :

amandier	citronnier	cacaoyer
figuier	oranger	etc.

Arbrisseaux fruitiers :

groseiller	framboisier	noisetier

Arbrisseaux étrangers :

caféier	thé

Arbres forestiers :

chêne	érable	sapin
charme	aune	saule
orme	peuplier	tilleul
hêtre	tremble	acacia ou agacia
frêne	bouleau	pin

Arbres pour l'ébénisterie :

noyer	acajou	palissandre
ébène		etc.

Arbrisseaux forestiers :

épine	houx	genêt
aubépine	buis	genévrier
églantier		etc.

Arbres d'agrément :

marronnier	platane	sycomore
orme		etc.

Arbrisseaux d'agrément :

lierre	laurier	chèvrefeuille
lilas	fusain	etc.

Les animaux sauvages.

le loup	la belette	le cerf-daim
le renard	le putois	le chevreuil-biche
le sanglier	l'hermine	l'ours
le blaireau	la fouine	le lion

le tigre
le léopard
la panthère
l'hyène
le jaguar
le lynx

le chacal
l'éléphant
le rhinocéros
l'hippopotame
le chameau
le dromadaire

le renne
le singe
le porc-épic
le hérisson
l'écureuil
etc.

Les Oiseaux.

l'aigle
le milan
le vautour
le condor
le milan
le faucon
le colibri
l'oiseau de paradis
le paon
le faisan
la grue
le héron
la cigogne
l'autruche
le cygne
l'eider
le pélican

la mouette
l'albatros
le pingouin
la mésange
l'hirondelle
le perroquet
le merle
le loriot
le pivert
la bergeronnette
l'alouette
le pinson
le coucou
le geai
la pie
le corbeau
le hibou

la chouette
le chat-huant
le chardonneret
le rossignol
le serin
le bouvreuil
la colombe
la tourterelle
le passereau
le moineau
le roitelet
la pie-grièche
la grive
le sansonnet
la fauvette
la buse
le tiercelet

Les Poissons

Poissons d'eau douce :

le brochet	la tanche	l'anguille
la carpe	la truite	le saumon
le goujon	la perche	

Poissons de mer :

le maquereau	l'anchois	la plie
le thon	la morue	l'esturgeon
la sardine	le turbot	la raie
le hareng	la sole	le requin

Les Reptiles.

tortue	caméléon	serpent à sonnettes
lézard	orvet	couleuvre
crocodile	vipère	boa
alligator ou caïman		

Les Fruits.

pomme	framboise	orange
poire	fraise	citron
prune	pêche	figue
abricot	châtaigne	amande
raisin	noix	datte
groseille	noisette	

Les Légumes.

navet	chou	lentille
carotte	haricot	fève
panais	pois	

Les Insectes.

le hanneton	la cigale	le frelon
le cerf-volant	le grillon	l'abeille
ou lucane	la courtilière	le ver à soie
le ver luisant	la punaise	la mouche
le carabe	les papillons	le taon
la cantharide	les pucerons	le cousin
le charançon	le phylloxera	le moustique
la coccinelle	la libellule	la puce
le perce-oreille	la fourmi	la tique
la sauterelle	la guêpe	le poux
le criquet		

Les Grades dans l'armée.

INFANTERIE	CAVALERIE	MARINE
soldat	cavalier	matelot
caporal	brigadier	quartier-maître
sergent	maréchal-logis	second-maître
sergent-major	maréchal-logis chef	maître
adjudant		aspirant de marine

INFANTERIE	MARINE
sous-lieutenant	enseigne de vaisseau
lieutenant	lieutenant de vaisseau
capitaine	officier en second
commandant	commandant de na-vire
lieutenant-colonel	
colonel	
général de brigade	vice-amiral
général de division	amiral
commandant de corps d'armée	
ministre de la guerre	ministre de la marine et des colonies
	cuirassé
	chaloupe canonnière
	torpilleur

✻

L'étude du nom dans le cours élémentaire se prête merveilleusement aux exercices avec les casiers mobiles. Nous donnons ici une ébauche de leçon sur la formation du pluriel des noms en au et eu. Le maître pourra l'agrandir et la varier à sa façon. Nous montrons seulement ce qu'il était possible de faire. Nous amenons d'abord l'élève à trouver l'exception à la règle générale, puis à l'appliquer.

Dans quoi dort le petit enfant? un berceau

       Au pluriel, nous dirons des berceaux

Ces noms en *au* comme ceux en *eu*, semblables à de petits garçons capricieux, ne veulent pas d'*s* au pluriel, ils prennent un *x*, ne l'oublions pas.

Cherchons des nous en *au*.

Le maître est en classe sur	son bureau
Au pluriel	les bureaux
Que met-on sur ses épaules quand il fait froid?	un manteau
Au pluriel	des manteaux
Les bêtes qui ont des plumes sont	des oiseaux
Trouver le nom d'un oiseau tout noir?	un corbeau
Au pluriel	des corbeaux
Que met-on au devant des vitres?	des rideaux
Avec quoi enfonce-t-on une pointe?	des marteaux
On enroule le fil après	des écheveaux
Les petits de la brebis?	les agneaux
Le boueur nettoie les rues avec	les tombereaux
Sur la rivière, il y a	des bateaux
Le jardinier tire une allée avec	des cordeaux
Le petit de la vache est?	le veau
Au pluriel	les veaux

etc.

Qu'avons-nous sur la tête?   des cheveux

Comment appelle-t-on la barre de
fer qui est sous les voitures?   les essieux

Les boîtes dans lesquelles l'essieu
s'engage?   les moyeux

Quel nom donnez-vous au bâton
aiguisé que l'on enfonce dans les
palissades?   les pieux

Qu'est-ce qu'il y a dans l'âtre
quand il fait froid?   des feux
etc., etc.

*Le maître donne le nom au singulier, les élèves les
mettent au pluriel en se conformant à la règle.*

*Répétons que tous les exercices avec les casiers Thollois
doivent être exécutés rapidement; il en résulte de l'en-
train, de la chaleur pendant la leçon; de plus, les enfants
arrivent vite à composer les mots avec une dextérité
surprenante; ils vont presque aussi vite que la parole.*

Spécimen des Lettres mobiles.

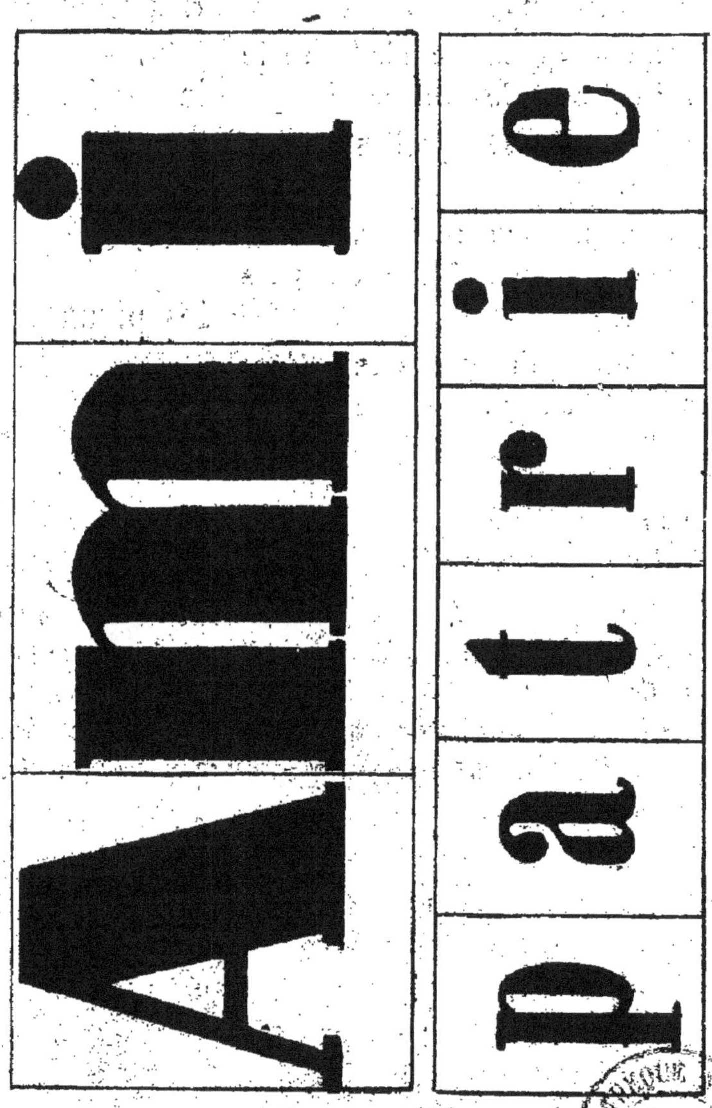

IMPRIMERIE CENTRALE DES CHEMINS DE FER. — IMPRIMERIE CHAIX,
RUE BERGÈRE, 20, PARIS. — 18462-8-9.

www.ingramcontent.com/pod-product-compliance
Lightning Source LLC
Chambersburg PA
CBHW061725060726
47597CB00006B/2570